AF317806

LES PROCÈS

ET LES

PLAIDEURS

D'APRÈS SAINT FRANÇOIS DE SALES

Par André GAIRAL

Professeur aux Facultés catholiques de Lyon
Avocat à la Cour d'appel.

Conférence donnée le 5 Mars 1886

LIBRAIRIE BRIDAY

DELHOMME ET BRIGUET, ÉDITEURS

LYON
Avenue de l'Archevêché, 3

PARIS
13, rue de l'Abbaye

1886

LES PROCÈS ET LES PLAIDEURS

D'APRÈS SAINT FRANÇOIS DE SALES

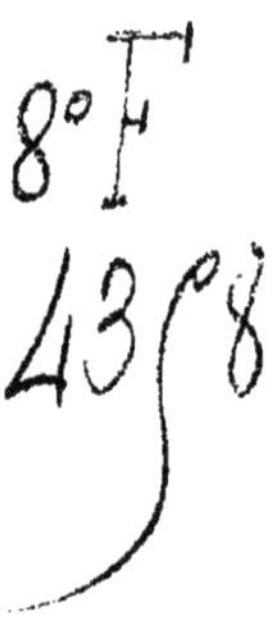

LES PROCÈS

ET LES

PLAIDEURS

D'APRÈS SAINT FRANÇOIS DE SALES

Par André GAIRAL

Professeur aux Facultés catholiques de Lyon
Avocat à la Cour d'appel.

Conférence donnée le 5 Mars 1886

LIBRAIRIE BRIDAY

DELHOMME ET BRIGUET, ÉDITEURS

LYON	PARIS
Avenue de l'Archevêché, 3	*13, rue de l'Abbaye*

1886

LES PROCÈS ET LES PLAIDEURS

Mesdames,
Messieurs,

Un auteur grec du second siècle, Artémidore Daldien, prétend, dans un
livre bizarre intitulé l'*Interprétation des
songes*, que « rêver de procès, de juges,
d'avocats et de lois, est, pour toute personne, un présage de perturbation dans
ses affaires, de soucis et de fâcheuses dé-
penses. » Il ajoute que « pareilles visions
judiciaires survenant à une personne, non
plus saine, mais malade, lui annoncent son

arrêt de vie ou de mort, suivant que le songe lui aura fait gagner ou perdre le procès. » Que si, d'aventure, l'homme au songe se trouve précisément un plaideur, et que, dans son sommeil, il se voie lui-même siégeant à la place du juge, c'est le gain du procès qui est sûrement prédit, « attendu, ajoute naïvement Artémidore, qu'un juge ne se condamnera jamais dans sa propre cause, mais aimera mieux condamner tous les autres. »

Plus loin, l'auteur que je viens de citer, rapproche les médecins des avocats, disant qu'en matière de rêves, les maladies signifient les procès, et réciproquement les procès annoncent les maladies, parce que, suivant lui, « des malades, tout aussi bien que des plaideurs, on dit qu'*ils attendent leur arrêt.* »

N'y aurait-il pas, dans cette collection d'extravagances imaginées à propos de songes pénibles, qui ne viennent point assurément *de la porte d'ivoire*, n'y aurait-il pas, par hasard, quelques grains de bon sens? Ne peut-on pas facilement trouver ailleurs qu'au pays des rêves, des *plaideurs* qui se transforment bientôt en *malades* de corps ou d'esprit, et le vieux pronostiqueur de tout à l'heure n'aurait-il pas, sans y penser peut-être, mis le doigt sur deux réalités : d'abord, les tribulations du malheureux en proie à cette affection morale qu'on appelle un procès, et puis la partialité et l'aveuglement pitoyables avec lesquels, d'ordinaire, un plaideur se juge dans son for intérieur, et s'absout lui-même, pour condamner sommairement et sans appel tous ceux qui ont le tort d'être ses adversaires?

Désarroi considérable dans les affaires et dans les idées, tracas incessants, frais ruineux, et souvent, ce qui est pis encore, perversion relative de la notion du juste et de l'injuste : autant de maux qu'on peut, sans prétendre faire le devin à la suite d'Artémidore, prédire à peu près sûrement aux plaideurs de profession.

En tout cas, et quelque honnête que puisse être la cause du litige, du côté de l'un des plaideurs — ou même, ce qui se voit, des deux côtés — étant donné qu'un procès est une anomalie ; que tout différend judiciaire se présente comme un accident fâcheux, une extrémité regrettable, un désordre social enfin, analogue au trouble de la santé dans la sphère de la vie physique, les moralistes qui se sont attachés à observer les pernicieux effets des procès dans le monde, et à scruter curieusement l'esprit et le caractère du plaideur, se sont donné une mission qui n'est pas sans quelque ressemblance avec celle du médecin.

A tout prendre, du reste, pour ce qu'on peut appeler le *mal litigieux* comme pour les maux d'un autre ordre, l'important serait beaucoup moins de décrire l'affection en elle-même que d'en indiquer le remède.

Malheureusement beaucoup se sont bornés à étudier la maladie et ses conséquences ; à écrire, pour ainsi parler, la *physiologie* du plaideur. Trouvant le cas intéressant et le personnage comique à certains égards, quelques-uns l'ont transporté sur la scène. On a cherché à divertir le spectateur ou le lecteur par des peintures d'autant plus piquantes qu'elles paraissaient prises sur le vif et que, plus d'une fois, ces peintures étaient des portraits.

Mais on s'est arrêté généralement à la description du sujet et des phénomènes, au *diagnostic* de la maladie. Un trop petit nombre se sont occupés sérieusement de guérir de ce mal ou d'en préserver, c'est-à-dire d'ajouter à l'observation des faits, l'indication des moyens curatifs et surtout des règles d'une bonne hygiène destinée à prévenir l'invasion du mal.

Saint François de Sales, en sa double qualité de saint et de docteur de l'Eglise, a, sur le commun des moralistes qui ont parlé des procès et des plaideurs, ce grand avantage, de voir toujours, dans l'homme malheureux (et un plaideur est invariablement dans ce cas), fût-il malheureux par sa faute, un frère qu'il faut assister avec amour; cet avantage aussi de s'occuper des misères humaines, non pour en faire le complaisant tableau, mais pour les soulager et les guérir.

Il m'a donc semblé qu'ayant aujourd'hui le périlleux honneur d'entretenir un auditoire d'élite, d'un sujet un peu austère, comme tout ce qui touche aux choses de la justice, je devais prudemment choisir pour mentor, dans une exploration dont je ne puis me dissimuler les difficultés, un moraliste charmant, qui fut à la fois un grand apôtre et un grand écrivain, une des gloires de l'épiscopat catholique et de la littérature française, saint François de Sales.

Rassuré par le secours d'un si bon guide, je laisserai avec empressement la parole à ce saint docteur, non moins gracieux et aimable que sage dans ses leçons, ou, pour mieux dire, aimable et gracieux en proportion même de sa tendre charité pour ceux qu'il veut instruire et de ses éminentes vertus. J'espère donc que, si la matière à traiter est sévère d'aspect, les enseignements du doux évêque de Genève viendront en atténuer les aspérités, pour laisser mes bienveillants auditeurs sous l'impression favorable de sa voix aimée et autorisée. Ainsi pourrons-nous parcourir pendant quelques instants la région obscure et redoutable de la chicane, sans en garder de

trop sombres images dans l'esprit, ni pro-
voquer ces visions importunes et ces mauvais rêves dont je parlais en commençant.

Saint François de Sales, est-il besoin de
le dire ? a compati à toutes les infortunes
de son époque, et, comme la maladie des
procès n'est pas nouvelle, il a été souvent
appelé à diriger des plaideurs, à leur donner des soins moraux, des conseils, à délivrer en quelque sorte des *ordonnances*
spirituelles à de pauvres âmes, jetées, quelquefois malgré elles, au milieu des tem-
pêtes qui tourbillonnent dans le monde des
juges et des parties, des procureurs et des
avocats, des procédures, des plaidoiries et
des arrêts de justice.

Bien plus, saint François s'est trouvé,
pour son propre compte, en semblable
occurrence ; il a eu à choisir entre la paix

et la guerre judiciaire ; il a dû même quelquefois se résigner à faire cette guerre, mais comme la sait faire un saint.

Très souvent, afin de pacifier un différend gros d'orages, il fut amené, malgré son peu de goût pour ces fonctions, à accepter le rôle d'arbitre et à décider luimême amiablement entre les contendants.

Aussi la vie et les écrits du bienheureux, et spécialement sa vaste correspondance, à laquelle je ferai dans un moment des emprunts, contiennent-ils, épars il est vrai, un assez grand nombre de traits, d'aperçus, de maximes et même de petites dissertations sur les devoirs d'un chrétien à l'endroit des procès.

Ces précieux enseignements d'un docteur de l'Eglise sur une matière dans laquelle les vertus de justice et de charité rencontrent tant d'occasions de naufrage, peuvent être rattachés à deux chefs bien distincts, correspondant aux deux points de vue que j'indiquais il y a un instant, — celui de l'observation et de la description du mal et du malade, — et celui du régime à suivre pour se préserver ou pour se délivrer de cet état morbide de l'âme, engendré par les procès, et que le bienheureux a appelé lui-même une *fièvre spirituelle* (1).

Voyons donc successivement de quelle manière saint François de Sales répond aux deux questions suivantes :

1° Que faut-il penser des procès et des plaideurs en général?

2° Quelle ligne de conduite doit-on chrétiennement adopter en matière de procès ?

(1) *Epitres spirituelles*, liv. III, lettre 52.

I

Ce qu'il faut penser, d'abord, des procès
et des plaideurs, quelques passages des
œuvres du saint vont nous le dire, dans ce
style de premier jet, à la fois si limpide et
si coloré, et, pour tout dire d'un mot, si
français, qui distingue le pieux écrivain.

Avant d'en venir aux personnages qui
jouent le rôle de champions dans l'arène

judiciaire, il convient peut-être de parler de celui qui a mission de prononcer entre les contendants, et dont les pouvoirs inspirent aux parties un respect mêlé de crainte ; de ce juge, qui tient en ses mains la balance fatale, et qui, dans la plupart des littératures, a eu, autant et plus peut-être que les plaideurs eux-mêmes, la fortune d'exercer l'esprit critique des moralistes et la verve souvent irrévérencieuse des auteurs de comédies ou de satires.

Quelle opinion se fait donc du magistrat et de ses délicates fonctions, le saint évêque de Genève ? Qu'en dit-il, étant donnée la grande liberté de langage qu'on se croyait permise autrefois pour juger les juges ?

Là où Pascal, par exemple, avec son ironie mordante, ne verra que l'infirmité de la justice humaine, et se rira de cet appareil des *robes rouges* des magistrats, *de leurs hermines dont ils s'emmaillottent en chats fourrés*, des *palais où ils jugent*, appareil nécessaire pour *frapper l'imagination* et *attirer le respect*, à qui n'a pas la véritable justice (1); — là où notre grand fabuliste se répandra, avec sa désinvolture ordinaire, en piquantes railleries sur le magistrat *suant en son lit de justice*, ou *grugeant l'huître* appétissante pour rendre équitablement à chacune des parties une écaille, en les renvoyant *sans dépens;* l'arbitre « expert en tous les cas, » qui met les plaideurs d'accord *en croquant l'un et l'autre;* — là enfin où l'auteur du *Misanthrope*, s'enveloppant dans le sac de Scapin, et assaisonnant d'un sel un peu gros sa comédie, n'hésitera pas à placer le juge, en compagnie des sergents, procureurs et avocats, dans un groupe *d'animaux ravissants* par les griffes desquels le plaideur doit passer; — saint François, comme on pouvait s'y

(1) *Pensées*, I, 8.

attendre, concevant une tout autre idée de la magistrature, en parlera tout autrement.

Il a souci, lui, non de railler le néant de l'homme ; non de forger des traits malins et d'amuser, mais bien de faire régner l'ordre entre les classes sociales et d'inculquer la vraie notion du respect dû à l'autorité légitime, en donnant la raison de cette autorité. Aussi nous montre-t-il, dans le magistrat, un représentant de Dieu sur la terre, et trace-t-il du même coup à ce ministre de la justice suprême, la règle précise de ses droits et de ses devoirs : les magistrats, dépositaires d'une partie de la souveraine puissance, doivent se considérer comme les organes de Dieu, et, autant qu'il est en eux, juger ainsi que Dieu jugerait lui-même.

Dans l'*Introduction à la vie dévote,* saint François explique ainsi le rôle du magistrat, ayant à concilier le devoir de rendre la justice avec le précepte évangélique qui défend de condamner le prochain :

« Mais ne peut-on donc jamais juger le prochain ? Non certes jamais : c'est Dieu, Philothée, qui juge les criminels en justice. Il est vrai qu'il se sert de la voix des magistrats pour se rendre intelligible à nos oreilles : ils sont ses truchements et interprètes, et ne doivent rien prononcer que ce qu'ils ont appris de lui, comme étant ses oracles. Que s'ils font autrement, suivant leurs propres passions ; alors c'est vraiment eux qui jugent, et qui par conséquent seront jugés. Car il est défendu aux hommes, en qualité d'hommes, de juger les autres (1). »

Parce que la déclaration du magistrat traduit, ou du moins vise à traduire l'arrêt de l'éternelle justice, soumission est

(1) IIIe P., ch. xxviii.

naturellement due par les hommes aux dé-
cisions de leurs tribunaux.

Camus, le contemporain et l'ami de saint
François, nous a conservé la réponse du
bienheureux à un plaideur prétendant, suivant la coutume, qu'on lui avait fait injustice dans un jugement qui le condamnait.

« Voyez-vous, c'est la plainte ordinaire de ceux
qui ont perdu leur cause ; mais quand le temps
aura remis votre esprit en une plus tranquille as-
siette, vous bénirez Dieu et vos juges, qui sont ses
organes, de vous avoir ôté un bien que vous ne
pouviez posséder en conscience, ni avec justice (1). »

Cette personne, paraît-il, ne tarda pas à
se rendre aux charitables observations du
saint, qui « lui montra, ajoute Camus, si

(1) Camus, *Esprit de saint François de Sales*, VII⁣ᵉ P., ch. 7.

clairement l'injustice de sa cause et la raison de sa partie, qu'elle fut contrainte de donner gloire à Dieu et de dire qu'elle avait gagné en perdant. »

Ce n'est pas que saint François se fît illusion sur les imperfections et les défaillances des tribunaux de ce monde. Sans compter les prévarications possibles, mais heureusement rares chez les peuples chrétiens, il savait à merveille que la justice humaine est bornée autant que faillible, et que, réussît-elle à échapper à toute cause d'erreur ; elle serait capable tout au plus de réprimer et de punir avec équité, mais radicalement impuissante à récompenser. C'est ce qu'il voulait indiquer quand il disait : « Il y a longtemps que la justice est *manchote* et qu'elle a perdu l'un de ses bras (1), » c'est-à-dire le bras des récom-

(1) Camus, *Esprit de saint François de Sales*. VIIIe P., ch. 6.

penses. Montaigne avait déjà écrit : « Notre justice ne nous présente que l'une de ses mains, et encore la gauche ; quiconque il soit, il en sort avec perte (1). »

Il en sera, hélas ! toujours ainsi sur cette terre, où, comme le remarquait naguère un spirituel académicien, « *pour voir la vertu récompensée, il faut venir à l'Académie... une fois par an ! Pauvre vertu (2) !* »

Mais saint François de Sales savait aussi que la portée nécessairement limitée de la puissance judiciaire, ses lacunes ou des torts individuels ne légitiment point le dénigrement des institutions et le mépris d'une autorité dont le principe remonte jusqu'à Dieu.

Sur les qualités qu'un magistrat doit s'efforcer d'acquérir pour être digne de sa

(1) *Essais*, L. III, ch. 13.
(2) Pailleron, *Réponse au discours de réception de M. Halévy.*

charge, les œuvres du grand évêque contiennent des observations qui ont leur prix.

Nous lisons dans une lettre du saint, écrite à la femme d'un magistrat pour la féliciter de la façon dont son mari entendait les devoirs de son état :

« Madame de N... m'a dit que, pour votre extérieur et la bienséance de votre maison, vous marchiez fort sagement ; et tant elle que mon frère de Thorens m'ont dit une chose qui m'a rempli d'aise ; c'est que monsieur votre mari acquérait, de plus en plus, grande et bonne réputation d'être bon justicier, ferme, équitable, laborieux au devoir de sa charge, et qui en tout vivait et se comportait en grand homme de bien et bon chrétien. Je vous promets, ma chère fille, que j'ai tressailli de joie à ce récit : car voilà une grande et belle bénédiction. Entre autres choses ils m'ont dit que toujours il commençait sa journée par l'assistance de la sainte messe, et qu'ès occasions il témoigne un zèle solide et digne de sa qualité à la sainte religion catholique. Dieu soit toujours à sa dextre, afin qu'il ne change jamais, que de mieux en mieux.

Vous êtes donc bien heureuse, ma chère fille, d'avoir chez vous les bénédictions temporelles et spirituelles (1). »

Avec l'esprit de religion, la douceur et la patience, ces deux vertus de prédilection de l'apôtre du Chablais, doivent rehausser, chez un juge, son amour de l'équité.

C'est l'exemple que saint François donnait lui-même dans les nombreux procès où il était choisi pour arbitre et où il se résignait à entendre parler longuement les hommes d'affaires. « J'ai ouï dire, rapporte Baudry, à des personnes dignes de foi que, nonobstant le bruit que faisaient autour de lui les procureurs, les avocats et les parties, il ne donnait jamais le moindre signe d'impatience ni d'ennui sur son visage, ni dans ses paroles (2). » Pour qui connaît un

(1) *Epîtres spir.* L III, lettre 10.

(2) Baudry, *Choix de divers enseignements et traits de vertu de saint François,* art. 13.

peu le Palais, et sans médire de personne,
il est certain qu'il y avait bien à cela quelque mérite.

Voici maintenant en quels termes saint
François remercie le duc Charles-Emma-
nuel I⁷ d'avoir donné à la Savoie, pour
chef de la magistrature, le célèbre prési-
dent Favre, aussi fervent chrétien que juge
intègre et savant jurisconsulte :

« Certes, Monseigneur, rien ne donne tant de
douceur à la vie humaine que la droite administration de la justice ; et la justice, quoique toujours
une en elle-même, ayant sa source comme une
belle eau en la poitrine des princes souverains en
terre, coulant par les esprits des magistrats rudes,
mal polis et raboteux, elle se rend autant nuisible
qu'elle devrait être utile, et même jusque-là que,
comme parle un sacré prophète, elle est convertie
en absinthe ; mais passant entre les peuples par les
mains de gens doctes, bien affectionnés et équi-
tables, elle remplit les provinces de bonheur et de

suavité, étant ès uns comme un torrent impétueux, qui ravage tous les bords qu'il accoste, et ès autres, comme une douce rivière qui rend amènes les rivages qu'elle détrempe (1). »

Dans la même lettre se rencontrent de belles maximes sur le choix des magistrats. L'évêque rappelle au duc combien il importera aux princes, à l'heure de leur mort, c'est-à-dire de leur propre jugement, d'avoir « commis leur autorité à des gens *capables de la bien manier*. » En effet, « n'ayant pu faire comme Dieu, qui, quand il lui plaît, donne la suffisance à ceux auxquels il a remis l'autorité, ils l'auront imité au plus près qu'ils auront su, donnant l'autorité à ceux qu'ils auront reconnus avoir la suffisance. »

L'honneur de ceux qui gouvernent est grandement intéressé, du reste, au bon re-

(1) 15 juin 1610.

crutement de la magistrature ; aussi saint François continue-t-il :

« Les magistrats, Monseigneur, représentent la souveraine majesté des princes, sur les biens et vies des sujets ; c'est pourquoi les princes, par une sainte jalousie, doivent avancer ès offices des personnes qui les sachent bien représenter ; et comme Alexandre ne voulait être peint que par la main de l'unique Apelles, aussi les princes ne devraient jamais permettre que leur souveraineté fût exprimée que par les plus rares et dignes esprits du monde, ne pouvant jamais mieux faire connaître la grandeur de leurs âmes, qu'au choix de celles qu'elles emploient et élèvent. »

Ainsi osait parler saint François des chefs d'Etat du XVIIᵉ siècle, qui étaient des princes ; nul doute qu'il n'eût adressé de nos jours des avis analogues, parce que l'autorité a toujours les mêmes devoirs, à des délégués quelconques du peuple souverain, capables toutefois d'entendre ce beau langage.

Un juge enfin ne doit décider qu'en connaissance de cause, et les parties entendues. D'une manière générale, ceux qui rendent la justice ou qui disposent des faveurs et des disgrâces, sont tenus de se renseigner et d'écouter surtout les accusés, avant de prononcer contre eux.

Emporté par la passion ou l'intérêt, quelquefois celui qui détient la puissance publique, se hâte trop de frapper, et d'un accusé fait une victime. Alors il n'est pas rare qu'une voix épiscopale s'élève pour renouveler ce sanglant reproche, lourd à porter devant l'opinion publique et devant l'histoire : « Frappe, mais écoute ! » — pour défendre les persécutés contre des imputations sans preuve et sans fondement, qui ont fui un débat contradictoire, — et pour rappeler aux puissants du jour un devoir de stricte équité méconnu.

Une lettre du bienheureux au duc de Nemours, qu'on avait prévenu calomnieusement contre différentes personnes, y compris le saint lui-même et ses deux frères, — lettre « digne, suivant M. Hamon, des Basile et des Ambroise, où se révèle la fermeté d'un apôtre, la sainte liberté d'un évêque, » — contient à l'adresse de ceux qui exercent la redoutable fonction de gouverner, des vérités que les catholiques de notre temps ont quelque raison de trouver spécialement utiles et pratiques.

« ... Votre Grandeur a reçu des accusations contre ces pauvres affligés et contre mes frères : elle a fait justement de les recevoir, si elle ne les a reçues que dans ses oreilles, mais si elle les a reçues dans le cœur, elle me pardonnera si, étant, non seulement son très humble et très fidèle serviteur, mais encore son très affectionné, quoique indigne, pasteur, je lui dis qu'elle a offensé Dieu et est obligée de s'en repentir, voire même quand les accusations seraient véritables : car nulle sorte de parole qui soit au préjudice du prochain, ne doit être crue avant qu'elle

2.

soit prouvée, et elle ne peut être prouvée que par l examen, parties ouïes. Quiconque vous parle autrement, Monseigneur, trahit votre âme ; et que les accusateurs soient tant dignes de foi que l'on voudra, mais si faut-il admettre les accusés à se défendre (1). »

Voilà une apostrophe qui pourrait servir d'éloquent commentaire à cette maxime d'un célèbre jurisconsulte français, contemporain de saint François de Sales, Loysel, en ses *Institutes coutumières :*

> Qui tôt juge, et qui n'entend,
> Faire ne peut bon jugement (2).

Nous savons maintenant quelle idée élevée saint François se fait des graves fonctions du magistrat chargé de résoudre un litige et de discerner entre *celui qui*

(1) Ch.-Aug. de Sales, *La Vie du bienheureux François de Sales.* L. VIII.

(2) Règle 869.

raisonne et celui qui a raison; mais que pense-t-il des diverses professions, appelées à jouer un rôle moins direct, fort important toutefois, dans la préparation du jugement, et, qui, si elles facilitent souvent cette préparation toujours lente, parfois aussi (oserai-je le dire ?) la compliquent ? « Une petite cause, insinue malicieusement Bentham, qui eût été déterminée dans une première audience, s'étend comme le métal en passant par deux filières : le procureur et l'avocat. » Que pense notre saint de ces deux conseillers des plaideurs, l'un fécond en écritures, et l'autre en paroles, qu'on appelle en style solennel des auxiliaires de la justice, et que le populaire nommait jadis, sans attacher, il est vrai, à l'expression la nuance légèrement dédaigneuse qu'elle aurait aujourd'hui, les *gens de loi ?* On sait comme volontiers nos ancêtres s'égayaient aux dépens de ces hommes de robe, qui, du reste, ne s'en portaient pas plus mal.

Les avocats, d'abord, dont l'habileté même peut constituer, sans qu'ils le veuillent, un danger pour la vérité, et fait quelquefois surgir des difficultés imprévues dans l'appréciation d'une cause, — les avocats, redoutés pour leurs coups de langue acérés et tranchants, et dont un personnage de Molière parle de cette façon : « Quand il n'y aurait à essuyer que les sottises que disent devant tout le monde de méchants plaisants d'avocats, j'aimerais mieux donner trois cents pistoles, que de plaider (1) ; » ces avocats, auxquels des langues sans doute moins charitables encore que les leurs, avaient fait au moyen-âge une si étrange réputation d'indélicatesse, qu'un fameux proverbe représentait comme une merveille la probité de saint Yves, « Breton, avocat, *et non larron !* » ces avocats enfin qui, entraînés assurément par le pur amour de l'art, semblent, aux

1) *Les fourberies de Scapin*, II, 8.

yeux du vulgaire, trouver on ne sait quel plaisir inhumain à remuer et à défendre les causes les plus terrifiantes et les plus lamentables, « ce qu'on appelle, suivant la remarque d'un des membres les plus dis-tingués du barreau contemporain, Me Rousse, *de belles affaires*, comme les mé-decins appellent la peste et le choléra *de belles maladies.* »

Ensuite les procureurs, avec leurs liasses de papiers griffonnés, leurs sacs légendaires bourrés d'écritures grossoyées, leurs dits et contredits, leurs mémoires de frais sur-tout, rendus célèbres par le ressentiment aveugle de leurs clients ; les procureurs dont L'Hôpital osait dire que « la pl part n'avaient d'autre but que de faire multi-plier, provigner et immortaliser les pro-cès, » et qu'ils « ne trouvaient jamais mau-vaise cause excepté quand ils avaient une pauvre partie, qui n'avait pas moyen de fournir aux frais, ou qu'ils avaient épuisé leurs clients jusqu'aux moelles. »

Faut-il citer encore les sergents et les huissiers, ces hommes, comme dit l'auteur comique, « noirs et d'habit et de mine » (je parle toujours du vieux temps), appelés à représenter la loi sans doute, mais sous sa forme la moins avenante, et dont on a tant médit dans le camp de certains littérateurs, généralement brouillés, il est vrai, avec leurs créanciers ?

De tous ces familiers du Palais, à l'extérieur un peu sévère, dont les parties emploient tour à tour la science juridique, le talent de parole ou le ministère obligatoire, et qui, pour ce motif, font naturellement cortége, dans l'imagination anxieuse et troublée du plaideur, pendant ses heures d'insomnie ou de mauvais sommeil, et aux

juges des tribunaux et aux conseillers des
hautes cours ; de tous ces hommes d'armes
enfin de la lutte judiciaire, parlant une langue à eux et quelque peu gothique, bardés
de textes de lois, éperonnés de brocards
juridiques, le bon François de Sales non
seulement ne dit aucun mal, mais parle avec
sa bienveillance habituelle. Il a, comme
nous allons le voir, une grande horreur des
procès et en détourne autant que possible ;
mais il ne décoche pas pour cela d'épi-
gramme outrée et inutile contre ceux qui
se trouvent mêlés aux affaires judiciaires,
par leur condition, et qui peuvent y vivre,
c'est pour lui l'essentiel, en union avec
Dieu.

Serait-ce que le grand évêque éprouvât
pour les gens de justice, cette crainte ad-
mirative des foules pour les gens de guerre ?
Professait-il seulement, pour les hommes
du Palais, ce respect prudent et raisonné

que la Sainte Ecriture recommande à l'égard du médecin, dont il faut honorer la profession « *propter necessitatem,* » parce qu'on en a besoin (1) ?

Il ne paraît pas que l'homme de Dieu ressentît le moindre éloignement à l'égard des gens du Palais. Il avait étudié brillamment le droit à l'Université de Padoue, où il avait conquis les palmes doctorales, et s'était fait inscrire comme avocat auprès du Sénat de Chambéry. Bien qu'il n'eût aucun attrait pour les discussions de pur droit civil (1), il était bien placé pour porter un jugement sur les carrières juri-

(1) *Eccli.*, 38, 1.

(2) Le saint dit dans une lettre, à propos d'une question de ce genre : « Je suis extrêmement dur à l'intelligence de ces choses-là. » (21 novembre 1604.) Tout autre, il est vrai, avait été l'avis de ceux qui firent subir au jeune François ses examens de droit. (V. Ch.-Aug. de Sales. *Vie de saint François de Sales*, p. 35 et p. 43.)

diques, et le ton de son langage à leur égard est significatif. La modération du saint en toutes choses et sa bienveillance pour les personnes, le mettaient à l'abri des exagérations si communes chez les moralistes. La sûreté et l'élévation de son grand esprit l'empêchaient de voir la vie humaine uniquement par les petits côtés, de généraliser d'après les défectuosités accidentelles et d'attribuer à la profession, au corps tout entier, la conduite plus ou moins incorrecte de certains de ses membres.

Mais ce qui distingue particulièrement le bon évêque des simples moralistes, c'est son immense charité et son zèle ardent pour le salut des âmes. Aussi, en même temps qu'il fuit les procès et met les plaideurs en garde contre les dangers spéciaux de leur situation, il a soin d'expliquer qu'il est possible de garder la paix du cœur même dans le tumulte des affaires contentieuses. Suivant sa lumineuse et rassurante doctrine :

« Il n'y a d'occupations vraiment distrayantes que celles qui nous séparent de Dieu, et il n'y a que le péché qui puisse nous en séparer ; car toute occupation légitime non seulement ne nous en sépare pas, mais est un moyen pour nous y unir davantage. »

« Ceux qui manient les procès s'y peuvent unir (s'unir à Dieu), en rapportant à la gloire de Dieu cette administration, et le servant en cette fonction si traversée (1). »

Mais, pour saint François, *ceux qui manient les procès* ont à se gouverner eux-mêmes à travers des écueils, qu'il faut bien voir tels qu'ils sont et là où ils sont, afin

______

(1) *Esprit de saint François.* XVIIe P., ch. 14. (*De la paix du cœur au milieu des embarras.*)

de les éviter. Le saint ne les dissimulera
pas.

Si c'est au juge qu'appartient le dernier
mot dans un procès, et par conséquent le
pouvoir d'assurer le triomphe du bon
droit ; si les auxiliaires du juge ont des
fonctions qui doivent honnêtement tourner
à l'avantage de la vérité, il est, quelles que
soient l'intégrité et la loyauté des personnes
employées à rendre ou à faire rendre des
arrêts, une organisation et un fonctionne-
ment matériel de la justice auxquels il faut
s'assujettir et qui tiennent une large place
dans les infortunes du plaideur; on rencontre à toutes les époques de l'histoire du
droit, un ensemble plus ou moins complexe
de formes, de moyens pratiques, d'armes
légales, dont les parties doivent user pour
soutenir leurs prétentions, et dont l'impor-
tance est si grande que la meilleure cause
peut être quelquefois compromise, et per-

due même, par l'omission ou l'irrégularité d'un seul de ces actes. La procédure enfin, *puisqu'il faut l'appeler par son nom*, n'est pas uniquement cet art

Qui dans ses propres lois embarrasse Thémis (1).

Son domaine n'est pas une sorte de forêt obscure et écartée, asile ou plutôt repaire de l'esprit de chicane ; non, c'est le terrain commun et inévitable de la lutte, c'est le champ clos où doit évoluer l'action judiciaire : le théâtre de la guerre, l'élément dans lequel est destiné à vivre le pauvre plaideur jusqu'au jour de la victoire... ou de la défaite. Que n'a-t-on pas dit contre cette malheureuse pratique ? Mais aussi comment la justice humaine, lente et embarrassée dans ses mouvements, toujours tâtonnante, je ne dirai pas aveugle, mais myope de naissance, pourrait-elle se passer des secours de la procédure et marcher,

(1) Boileau. *Lutrin*, ch. V.

toute seule, droit au but? Son infirmité naturelle la condamne à se servir de ces béquilles, qu'il n'y aurait profit pour personne à lui enlever, sous prétexte de dégager son allure.

Encore serait-il à désirer cependant que les béquilles ne devinssent jamais des entraves, et il faut convenir que, depuis longtemps, la procédure a pris un développement excessif, et que la justice fonctionne au milieu d'un véritable luxe de formalités, qui, comme tous les luxes d'ailleurs, ne va pas sans un appauvrissement sensible de ceux qui le payent. Les frais de justice n'ont jamais passé pour de menus frais, et ce portrait, peu flatté à la vérité, de la chicane, est devant tous les yeux :

> Sans cesse feuilletant les lois et la coutume,
> Pour consumer autrui le monstre se consume ;
> Et, dévorant maisons, palais, châteaux entiers,
> Rend pour des monceaux d'or de vains tas de papiers (1).

(1) Boileau. *Lutrin,* ch. V.

Une grande plaideuse de roman estime
« autant et plus un procureur qu'un gentilhomme, » et en donne cette raison qui restera sans réplique : « c'est qu'il n'y a pas de
gentilhomme, tant puissant soit-il, qui ait
pu ruiner le plus chétif procureur, et il n'y
a point de si chétif procureur qui n'ait ruiné
plusieurs riches gentilshommes (1). »

Les satiriques ont bientôt fait de dauber,
à ce propos, sur l'avidité des procureurs e
des autres officiers de justice. Mais il ne
faudrait pas oublier, à côté des calculs in-
téressés des professions qui vivent des
procès, — soit l'esprit de fiscalité, excité
sans relâche par les besoins du trésor public, et tirant de beaux deniers de chaque
formalité, — soit une certaine subtilité
soupçonneuse qui est quelquefois le travers, non seulement des légistes, mais des
plaideurs endurcis, — soit surtout les com-

(1) Furetière, *Roman bourgeois*.

binaisons trop ingénieuses de l'esprit de fraude, auxquelles on cherche constamment à parer par des précautions nouvelles. La simplicité des procédures convient aux peuples simples ou aux peuples barbares. Tout ne serait pas pour le mieux dans notre civilisation si compliquée, parce qu'on imaginerait d'appliquer à la lettre le vœu du bon La Fontaine, qui allait chercher une procédure modèle chez les Turcs ! Il disait à propos d'une *cause célèbre*, dont il s'est fait l'inimitable rapporteur, le procès des *frelons et des mouches à miel:*

> Plût à Dieu...
> Que des Turcs en cela l'on suivît la méthode !
> Le simple sens commun nous tiendrait lieu de Code (1).

La *malice des plaideurs* a été une raison, justement relevée dans une ancienne ordonnance (2), de la multiplication des pro-

______

(1) *Fables*, I, 19.

(2) Ord. de Saint-Germain (avril 1667) *pour la réformation de la justice.*

cédures. Saint François fait allusion à cette malice des justiciables, dans une requête au duc de Savoie, où, se plaignant des procès suscités à son clergé, il remontre « que le malheur de cet âge a tellement perverti la conscience de plusieurs, que, détournant l'usage du secours de la justice à une inique et maligne production de procès, se ruinant eux-mêmes, ils font misérablement commuer par toutes sortes de procédures, contentions et chicaneries, les personnes, moyens et loisir des gens d'église, qui étaient destinés au service de Dieu et des âmes, » et cela « au grand préjudice du bien public (1). »

En faisant une bonne part à la malice des plaideurs dans les abus de la procédure, on décharge d'autant le compte de ceux que le saint appelle des *hommes de*

(1) Requête du 31 janvier 1609.

judicature, en remarquant d'ailleurs qu'ils ne sont pas nécessairement par là des *hommes de justice*. Camus résume ainsi les idées de saint François sur ce point :

« C'est grande pitié que l'on puisse dire de ces formalités ce que saint Bernard disait de ces mauvaises filles qui avaient suffoqué leur mère ; car ayant été inventées à bon dessein pour rendre à chacun ce qui lui appartient, selon les règles de la droiture et de l'équité, il est arrivé par la suite des temps, et par la mauvaise subtilité des hommes, qu'au lieu de rendre par là ce qui appartient, à chacun, ce sont autant de moyens pour prendre à chacun ce qui est à lui, et faire tomber entre les mains de ceux qui manient les affaires, les biens de ceux qui les débattent, d'où est venu le proverbe : *Entre deux contendants un troisième jouit* (1). »

Sans doute, les défenseurs de la procédure pourront invoquer la nécessité d'interdire à la fraude tous les passages en

(1) *Ep. de S. F.* VII° P., ch. 14.

obstruant chacun d'eux par une formalité.
Mais, à un certain degré, le remède ne de-
vient-il pas aussi funeste que le mal ? Aussi
Camus ajoute-t-il :

« Comme cet ancien empereur disait que la quantité des médecines le faisait mourir, on peut dire
que la multitude des lois et des formalités suffo-
que la justice, et que ceux qui s'y engagent sont
comme le ver à soie qui se file un tombeau.

« Quand on en parlait devant notre bienheureux,
il avait coutume de dire ce mot de David : *Justitia
conversa est in judicium* (Psal. xcɪɪɪ, 15), la justice
est changée en judicature ; de ces longues formalités il disait que c'étaient des faubourgs beaucoup plus longs que la ville, et des ardents (des
feux follets) qui conduisaient pendant la nuit en
des précipices ; en un mot que le territoire de la
judicature était une vraie terre de Chanaan, qui
dévorait ses habitants, et où les renards de Samson
mettaient le feu dans toutes les moissons. »

Mais la procédure a été créée pour les
plaideurs, — à peu près comme les for-

mules des laboratoires pharmaceutiques sont écrites pour les malades : le plaideur, j'allais dire le patient, est donc, dans un procès, le personnage sur lequel doivent se concentrer l'attention, l'intérêt et même la pitié de ceux qui assistent aux péripéties du litige. Voyons quels sont, à l'endroit du plaideur lui-même, les sentiments du compatissant évêque.

Et d'abord, puisqu'il y a deux sortes de plaideurs, — ceux qui plaident par goût, par manie, par passion maladive — et ceux qui le font seulement par accident ou par nécessité ; disons qu'il est inutile de s'arrêter à ces plaideurs forcenés qui ont perdu le sens moral, à ceux qui, comme la comtesse de Pimbesche, pour rompre un instant avec le Palais, auraient besoin, quoi qu'ils en disent, d'*être liés*. Pour ceux-là, ils sont assurément bien dignes de pitié, mais nullement en état de recevoir des conseils. A qui voudrait les détourner de plaider ils pourraient répondre comme Argante :

« Laisse-moi un peu quereller en repos (1). »

On ne peut, évidemment, raisonner qu'avec les personnes qui jouissent de leur raison.

Voulant peindre l'opiniâtreté incurable de certains plaideurs, Furetière termine le récit des procès de ses héros, Charroselles et Collantine, par ce conte de deux animaux du pays des fées, un chien et un lièvre, le premier ayant le don de toujours prendre à la chasse, et l'autre le don de n'être jamais pris. « Le hasard, dit-il, voulut qu'un jour le chien fée fût lâché sur le lièvre fée. On demanda là-dessus quel serait le don qui prévaudrait, si le chien prendrait le lièvre, ou si le lièvre échapperait du chien,

(1) Molière, *Scap.*, I, 6.

comme il était écrit dans la destinée de chacun. La résolution de cette difficulté est qu'ils courent encore. Il en est de même des procès de Collantine et de Charroselles : ils ont toujours plaidé et plaident encore, et plaideront tant qu'il plaira à Dieu de les laisser vivre. »

Cette espèce est heureusement rare et se rencontre surtout dans les romans et les comédies.

Saint François de Sales adresse ses avis à une autre classe de plaideurs, à ceux qui, responsables de leurs actes et soucieux des intérêts de leur salut, entreprennent, dans la plénitude de leurs facultés, des procès où ils risquent de charger leur conscience, soit en soutenant des prétentions mal fondées dont ils se dissimulent à eux-mêmes l'injustice, soit du moins en apportant dans la défense de leur droit des dispositions peu conformes à la charité chrétienne.

« Que de duplicités, écrivait le saint évêque à une dame qui voulait plaider, que d'artifices, que de paroles séculières et peut-être que de mensonges, que de petites injustices, et douces et bien couvertes et imperceptibles calomnies, ou du moins de demi-calomnies emploie-t-on en ce tracas de procès et de procédures (1) ?... »

Les conséquences de ces chutes, légères en apparence, sont plus grandes qu'on ne croit, « car il n'y a rien de petit, dit le saint à propos de procès, en ces opiniâtretés du *mien* et du *tien* (2). »

De quelles mauvaises raisons, en effet, ne se paye-t-on pas pour se donner droit d'envenimer un débat, une fois qu'on est aux prises avec un adversaire, surexcité de son côté, et auquel on attribue les premiers torts !

« C'est chose certaine, lisons-nous dans l'*Introduction à la vie dévote*, que pour

(1) *Ep. spirit.* L. III, lettre 70.
(2) Lettre du 30 août 1622, à Mᵐᵉ de Chantal.

l'ordinaire, qui se plaint pèche, d'autant
que l'amour-propre nous fait toujours
ressentir les injures plus grandes qu'elles
ne sont (1). » Saint François redoutait, à
juste titre, notre tendance à grossir le tort
qui nous est fait et à considérer comme
quantité négligeable celui que nous pouvons causer.

Nous nous pardonnons tout, et rien aux autres hommes :
On se voit d'un autre œil qu'on ne voit son prochain (2).

« Ce n'est pas, dit Camus, qu'il trouvât
mauvais que l'on poursuivît tranquille-
ment, paisiblement et sans passion, en justice, les outrages qui seraient faits à nos
biens, à nos corps, à notre honneur. Mais la
faiblesse humaine est telle qu'il est malaisé,
même à la face de la justice, de tenir son
esprit en bride et de garder l'équanimité
nécessaire : d'où est venu le proverbe, qu'*en*

(1) II* P., ch. 3.
(2) La Fontaine, I, 7.

cent livres de procès, il n'y a pas une once d'amitié (1). »

La perte de la charité est donc l'un des périls les plus menaçants, aux yeux de saint François, dans le combat singulier que vont se livrer les plaideurs.

« Et faut que je confesse, écrit-il à une personne engagée dans ce combat, qu'encore qu'à mon avis les afflictions qui regardent les personnes propres, et celles des péchés soient plus affligeantes, néanmoins celles des procès me donnent plus de compassion, parce qu'elles sont plus dangereuses pour l'âme. Combien de gens avons-nous vus en paix dans les épines des maladies et pertes des amis, perdre la paix intérieure dans le tracas des procès extérieurs ? Et voici la raison, ou plutôt la cause sans raison. Nous avons peine de croire que le mal des procès soit employé de Dieu pour notre exercice, parce que nous voyons que ce sont les hommes qui font les poursuites, et n'osant pas nous remuer contre cette Providence toute bonne, toute

(1) *Espr. de S. Fr.* XIIe P., ch. Ier.

sage, nous nous remuons contre les persònnes qui nous affligent et nous nous en prenons à eux, non sans grand péril de perdre la charité, la seule perte de laquelle nous devons craindre en cette vie (1). »

(1) *Ep. spir.* L. V, let. 34.

II

Nous avons vu ce que saint François pensait des gens de justice et des procédures ; il nous reste à grouper maintenant quelques règles de conduite que le grand évêque a tracées, par ses exemples non moins que par ses enseignements, à l'usage de ceux qui font, dans la vie, la fâcheuse rencontre de quelque procès à intenter ou à soutenir.

Toute la théorie de l'aimable saint peut se réduire à ces deux idées :

— Un procès doit être évité autant que possible.

— Il y a cependant certains procès qu'il faut faire, mais sans jamais se départir de la paix de l'âme ni de l'esprit de charité.

Une première maxime de saint François, c'est qu'il faut tout faire pour éviter, s'il se peut, un procès, et cela pour des motifs à la fois spirituels et temporels.

« O Dieu ! dit-il dans une de ses lettres, que je désire ardemment et invariablement que vos affaires se passent sans procès (1) ! »

Et dans une autre :

« Oh ! que c'est un bon affaire que de n'avoir point de procès ! Je suis marri de quoi à Chambéry on ne parle quasi que de cela, et qu'on en parle si chaudement et si passionnément ; et je suis consolé de quoi vous avez essayé d'accommoder celui duquel vous m'écrivez (2). »

(1) *Ep. spir.* L. III, let. 26 (9 juin 1620).
(2) *Ep. spir.* L. IV, let. 41 (21 août 1621).

Enfin, dans une troisième lettre :

« Mille et mille bénédictions à Dieu, de quoi enfin, monsieur mon très cher frère, et madame ma tout à fait très chère sœur, ma fille, vous voilà exempts de ces fâcheux procès, par lesquels, comme parmi des épines, Dieu a voulu que les commencement de votre heureux mariage se soient passés. M. de Chalcédoine, mon frère, et moi, en avons fait un petit feu de joie, comme participant à tout ce qui vous regarde (1). »

La perspicacité du saint et sa vive sollicitude pour tous ceux qui avaient besoin de ses conseils, l'avertissaient assez qu'à plaider, même pour la plus juste cause, on est particulièrement exposé à compromettre tout ensemble son bonheur en ce monde et son salut éternel.

D'abord — pour citer en première ligne les motifs d'intérêt personnel et temporel

(1) *Ep. spir.* L. III, let. 9 (11 nov. 1621).

— celui que tente le démon de la chicane, et qui roule des projets de vengeance judiciaire, ferait bien d'envisager froidement les conséquences éventuelles d'un procès, — je parle des meilleurs — aux points de vue de l'erreur possible du juge, du préjudice matériel, enfin des souffrances morales.

Il y a toujours, dans un procès, une part laissée à l'incertitude et des chances à courir, vu la grande variété d'aspect d'une question de droit et la diversité d'esprit des juges. Saint François, écrivant pour détourner une personne d'un procès, fait cette remarque : « En fin de cause, qu'y aura-t-il de certain ? Que savez-vous que les juges diront et détermineront dans votre affaire ? »

Montaigne avait dit avec des formes plus rudes, et en homme soucieux par-dessus tout de son repos :

« A combien de fois me suis-je fait une bien évidente injustice, pour fuir le hasard de la recevoir encore pire des juges, après un siècle d'ennuis et d'ordes et viles pratiques, plus ennemies de mon naturel que n'est la gehenne et le feu (1) ? »

« J'en suis là, avait dit encore l'auteur des *Essais*, comme Alcibiade, que je ne me représenterai jamais, que je puisse, à homme qui décide de ma tête, où mon honneur et ma vie dépendent de l'industrie et soin de mon procureur plus que de mon innocence (2). »

A cette cause de perplexité inévitable, joignons les pertes d'argent que la procédure entraîne et qui font encore, au XIXe siècle, de la fameuse formule, si exacte qu'elle soit par un certain côté : *La justice est gratuite*, une véritable énigme pour les gens simples, habitués à s'arrêter au sens obvie des mots.

(1) *Essais*. L. III, ch. 10.
(2) *Essais*, L. III, ch. 13.

Nous avons vu déjà saint François constater que les procès, en général, enrichissent seulement ceux qui les manient. « En somme, écrit-il à une plaideuse, l'argent que vos poursuites mangeront vous suffira pour vivre (1). »

Le grave Boileau dira plus tard dans une épître :

> N'imite point ces fous dont la sotte avarice
> Va de ses revenus engraisser la justice (2).

Après les revenus, chacun sait que le capital lui-même y passe facilement.

On peut bien en croire ce vieux proverbe : *Grand plaideur ne fut jamais riche* (3), ou cet autre : *Trop plaidoyer fait mendier* (4).

Mais le dommage pécuniaire n'est pas

(1) *Ep. spir.* L. III, lettre 26 (9 juin 1620).
(2) *Epître* II.
(3) Leroux de Lincy, *Prov.*, t. II, p. 146.
(4) Leroux de Lincy, *Prov.*, t. II, p. 429.

le seul dont les plaideurs aient à souffrir. La perte de temps, qui se résout d'ailleurs pour un si grand nombre en perte d'argent, est l'une des calamités qu'amène avec elle la procédure aux pas lents.

A l'époque où les dossiers se mettaient dans des sacs, on a fait cette originale réflexion :

« Il faut trois sacs à un plaideur, *un sac de papier, un sac d'argent et un sac de patience.* »

Le temps est précieux et saint François désire, lui aussi, qu'on ne gaspille point *l'étoffe dont la vie est faite.*

« Et puis, dit-il, vous passez vos meilleurs jours en cette très mauvaise occupation et vous en restera peu pour être employés utilement à votre principal objet : et Dieu sait si, après un long tracas, vous pourrez ramasser votre esprit dissipé, pour l'unir à sa divine bonté. Ma fille, ceux qui vivent sur la mer, meurent sur la mer : je n'ai guère vu de gens embarqués daus les procès, qui ne meurent dans cet embarras. Or, voyez si votre âme est faite pour cela, si votre temps sera dignement destiné à cela ; je veux dire : prenez M. Vincent, examinez bien avec lui toute cette affaire, et coupez court (1). »

Et ailleurs :

« Je vous dis de tout mon cœur, c'est-à-dire de tout ce cœur qui chérit uniquement le vôtre, que vous ne vous opiniâtriez point à plaider. Vous y consumerez votre temps inutilement et votre cœur encore, qui est le pis (2). »

Les longs délais de la justice inspireront à La Bruyère cette boutade bien connue : « *Orante* plaide depuis dix ans entiers en règlement de juges, pour une affaire juste, capitale, et où il y va de toute sa fortune : elle saura peut-être dans cinq années quels seront ses juges, et dans quel tribunal elle

(1) *Ep. spir.* L. III, let. 26 (9 juin 1620).
(2) *Ep. spir.* L. III, let. 24.

doit plaider le reste de sa vie ; » et cette amère parole : « Le devoir des juges est de rendre la justice, leur métier est de la différer (1)... » Ce fait, dont les causes sont d'ailleurs complexes, de la lenteur des procédures, n'est pas discutable ; il n'est que sage, pour ceux qui ont envie de plaider, d'en tenir compte.

« Que pense-t-elle, écrit encore saint François, en parlant d'une personne qui songeait à faire un procès, que pense-t-elle ? Quatre vies des siennes ne suffiraient pas pour terminer son affaire par voie de justice. Qu'elle meure de faim et de soif de justice, car bienheureuse sera-t-elle (2). »

Une partie chez laquelle « le bon droit est grandement enraciné en l'esprit, » suivant une expression du saint (3), une partie

(1) *Caract.*, ch. 14.
(2) *Ep. spir.* L. III, lettre 55 (année 1621).
(3) *Ep. spir.* L. VI, let. 59 (30 août 1622).

acharnée sur le bien fondé de sa cause, et qui se croira assez riche pour payer sa gloire, objectera peut-être qu'une victoire remportée sur le terrain scabreux du Palais, vaut d'être achetée un gros prix ; que l'argent n'est pas mal employé à consolicer son patrimoine, et beaucoup d'autres choses encore.

Mais, si les plaies d'argent ne sont pas mortelles, en voici qui peuvent avoir de plus funestes conséquences et que la main sûre de saint François va sonder et mettre à nu au fond du cœur d'un homme tourmenté par le mal des procès : les soucis rongeurs et souvent les sentiments d'animosité et de haine.

Les soucis du plaideur ! Saint François estime qu'il y a grande perte à échanger le trésor de la paix contre des richesses à retirer d'un procès.

« Ne veuillez pas être riche, ma très chère fille ;

ou du moins, si vous ne le pouvez être que par ces misérables voies de procès ; soyez pauvre plutôt, ma très chère fille, que d'être riche aux dépens de votre repos (1). »

Dans l'*Introduction à la vie dévote*, il donne cet avis aux veuves :

« Si quelque force forcée n'oblige la conscience de la vraie veuve aux embarrassements extérieurs, tels que sont les procès, je lui conseille de s'en abstenir du tout (2). »

Félicitant une dame de ce que son mari avait relâché de son droit, pour « assoupir » un procès :

« Dieu soit loué, écrit le saint, du contentement que vous avez de la suffisance qu'il vous a donnée ; et continuez bien de lui en rendre grâces, car c'est la vraie béatitude de cette vie temporelle et civile, de se contenter en la suffisance ; parce que qui ne

(1) *Ep. spir.* L. III, let. 26 (9 juin 1620).
(2) IIIe Partie, ch. 40.

se contente de cela, ne se contentera jamais de rien, et comme votre livre dit, puisque vous l'appelez votre livre (1), *à qui ce qui suffit ne suffit pas, rien ne lui suffira jamais* (2). »

Aux religieuses de la Visitation de Lyon il donne un jour cet avis : « On vous conseille de plaider pour cent écus, et moi je vous conseille de ne pas le faire pour mille (3). »

Une autre fois il écrivait à une dame pieuse, à propos d'un procès :

« Laissez, laissez aux mondains leur monde. Qu'avez-vous besoin de ce qui est requis pour y passer ? Deux mille écus, et moins encore, suffiront très abondamment pour une fille qui aime Notre-Seigneur crucifié : cent et cinquante écus de pension, ou deux cents, sont des *richesses* pour

(1) Il s'agit du traité de l'*Amour de Dieu*, par S. Fr. de Sales (L. VIII, ch. 8).

(2) *Ep. spir.* L. IV, let. 41. (21 août 1621).

(3) Baudry, *Choix de divers enseignements et traits de vertu de S. Fr. de S.*, art. XIII.

une fille qui croit en l'article de la pauvreté évangélique... »

« Non, non, il n'est pas difficile à Dieu de faire autant avec cinq pains d'orge (1), comme Salomon avec tant de cuisiniers et de pourvoyeurs (2). Demeurez en paix. Je suis très invariablement votre vrai serviteur et père (3). »

Et ailleurs :

« Est-il possible que les enfants de Dieu veuïllent avoir tout ce qui leur appartient, leur Père, Jésus-Christ, n'ayant rien voulu avoir de ce monde, qui lui appartient ? Qu'est-il besoin de tant d'affaires pour une vie si passagère, et de faire des corniches dorées pour une image de papier (4) ? »

L'argent, reconnaissons-le, n'est pas toujours la cause déterminante d'un procès. On le fera quelquefois pour défendre sa

(1) Joan., 6-9.
(2) 3 Reg., 4-23.
(3) *Ep. spir.*, L. III, let. 70.
(4) *Ep. spir.* L. III, let. 55 (année 1621).

réputation. Mais là encore on déclare une guerre dangereuse ; on se condamne d'avance à de grands soucis et à de durs mécomptes, et cela peut-être sous des prétextes, dont il vaudrait mieux avoir le courage de s'avouer l'inanité.

L'irrésistible analyse que saint François sait faire du cœur humain, dévoile tous les points faibles du raisonnement d'un plaideur blessé dans son amour-propre, et qui cherche à se dissimuler à lui-même qu'il agit par esprit de vengeance.

Au sujet d'une dame qu'on avait calomniée dans des chansons, il écrit à une tierce personne :

« Pour ce qui regarde le support des injures, la passion, à l'abord, nous fait toujours désirer des vengeances ; mais quand nous avons un peu de crainte de Dieu, nous n'osons pas les appeler vengeances ; ains nous les nommons réparations. Que cette bonne dame me croie, et qu'elle n'entre point en terme de procès pour ces chansons ; car ce ne serait que multiplier le mal au lieu de l'étouffer... »

Après avoir donc détourné de prendre ce « biais de plaidoiries, c'est-à-dire des labyrinthes et abîmes de conscience · et de moyens, » le charitable conseiller termine ainsi sa lettre :

« J'ai une récente expérience de la vanité, ou plutôt du danger que les procès apportent en ces occasions, d'une des plus vertueuses dames que je connaisse, qui s'est infiniment mal trouvée d'avoir quitté mon avis, pour suivre l'impétuosité de la passion de ses parents. Croyez-moi, ma chère fille, l'honneur des gens de bien est en la protection de Dieu, qui permet bien quelquefois qu'on l'ébranle pour nous faire exercer la patience, mais jamais il ne le laisse atterrer et le relève soudain. Vivez toute à Dieu, pour lequel je suis, madame, votre très humble serviteur (1). »

(1) *Ep. spir.* L. III, let. 18 (23 juin 1621).

Dans une autre circonstance il écrit à une demoiselle qui, après avoir été demandée en mariage, avait vu le futur s'évanouir comme un météore, rompre sa promesse. Un procès menaçait d'éclater entre la fiancée et l'inconstant prétendant :

« Je vous dirai que si M. X... ne vous faisait point d'autres allégations que celles que vous marquez, s'il avait affaire devant nous, nous le condamnerions à vous épouser sous de grosses peines... Au demeurant, ma très chère fille, le désir que j'ai de vous dissuader de la poursuite de ce mauvais procès n'avait point son origine de la défiance de votre bon droit, mais de l'aversion et mauvaise opinion que j'ai pour tous les procès et toutes les contentions. Certes, il faut que l'issue d'un procès soit merveilleusement heureuse pour réparer les frais, les amertumes, les empressements, la dissipation du cœur, l'odeur des reproches et la multitude des incommodités que les poursuites ont accoutumé d'apporter. Surtout j'estime fâcheux et inutiles, ains dommageables, les procès qui se font pour les paroles insolentes et manquements de promesses, quand il n'y a point d'intérêt réel : parce que les procès, en lieu de suffoquer les mépris, ils les publient, dilatent et font continuer; et en lieu de réduire à l'observation des promesses, ils portent à l'autre extrémité (1). »

La conscience du plaideur est exposée, du reste, à bien des atteintes dans les luttes judiciaires, et c'est naturellement ce qui touche le plus saint François.

Ayant à encourager l'évêque de Belley qui était obligé de soutenir des procès pour la défense des droits ecclésiastiques, il lui dit:

« Je me réjouis certes de vos victoires... Mais je regrette pourtant que votre esprit pâtisse tant en cette guerre, en laquelle sans doute il n'y a presque que les Anges qui puissent conserver l'innocence: et qui tient la modération parmi les procès, le procès de sa canonisation est tout fait pour lui, ce me semble. *Sapere et amare vix diis conceditur.* Mais je dirais plus volontiers : *Litigare et non insanire vix*

(1) *Ep. spir.* L. III, let. 23.

sanctis conceditur (1). (Plaider et ne point faire de folies, c'est à peine si ce privilége est accordé aux saints.) »

Dans un passage de sa correspondance il dit qu'il prie d'une manière spéciale pour une personne engagée dans un procès : « C'est là où il y a le plus de peine de tenir ferme pour la douceur et l'humilité, tant extérieure qu'intérieure, et j'y vois les plus assurés bien empêchés. C'est pourquoi cette tribulation me donne plus de crainte pour les âmes que j'aime le plus (2). »

Avec cette opinion si fondée sur les dangers des procès, saint François devait être grand partisan des accommodements ou transactions.

Un auteur d'épigrammes a dit plaisamment :

(1) *Ep. spir.* L. I, let. 37 (22 août 1614).
(2) *Ep. spir.* L. V, let. 38 (27 février 1621).

> Conseillez-vous au Palais, en Sorbonne,
> Puis, quand vos cas seront bien décidés,
> Accordez-vous, si votre affaire est bonne ;
> Si votre cause est mauvaise, plaidez (1).

Ceux auxquels s'adresse saint François sont chrétiens et n'ignorent point que le premier devoir d'un plaideur, lorsqu'il découvre que sa cause est mauvaise, est de se désister et non de spéculer sur les chances d'erreur du juge ; cela allait sans dire. Mais le bienheureux se rencontre avec le poète et avec la sagesse populaire pour conseiller à celui-là même qui a pour lui le bon droit, un accommodement raisonnable : *Accordez-vous si votre affaire est bonne !*

« Voilà donc qui est bien, écrit-il à une veuve. Je loue Dieu que vous voulez accorder vos procès. Depuis que je suis de retour de la visite, j'ai tant été pressé et empressé à faire des appointements — ici le mot *appointement* a le sens ancien d'arran-

______

(1) J.-B. Rousseau.

gement amiable, d'accommodement (1) — que mon logis était tout plein de plaideurs qui, par la grâce de Dieu, pour la plupart s'en retournaient en paix et repos (2). »

Comme on le voit, saint François était souvent chargé par les deux adversaires de vider la querelle, afin d'éviter par un accommodement les lenteurs, les frais et le scandales d'un procès en bonne forme.

Baudry dit du saint que « son occupation presque ordinaire était d'assoupir les procès. » Il ajoute : « M. de La Roche, gentilhomme de vie exemplaire et d'une rare piété, m'a dit qu'il avait assisté à plus de cent appointements avec notre bienheureux. » Il ne parvenait pas toujours, sans doute, à mettre les parties d'accord; toutefois « il ne se troublait point quand il ne

(1) Froissart entendait ainsi le mot dans ce passage : « Venu à paix et à appointement envers le Comte. » (An. 1379.)

(2) *Ep. spir.* L. VII, let. 45 (11 février 1607).

pouvait pas réussir à faire l'accommodement; mais il se retirait avec un visage toujours content, quoiqu'il eût perdu sa journée (1); » ce qui tendrait à prouver que les provisions de patience, dans les procès, ne sont pas utiles seulement du côté des plaideurs.

Si grande était chez saint François de Sales la propension aux accommodements, qu'il était obligé de se mettre en garde contre cette tendance dans les causes qui l'intéressaient personnellement. C'est ce qu'on peut induire de ce *post-scriptum* d'une lettre adressée par lui à Mme de Chantal :

« Il serait mieux qu'on accommodât le procès en mon absence, à cause de ma trop grande condescendance (2). »

(1) *Choix de divers enseignements...* (*Œuvres de S. F.*, éd. Migne, t. IX, col. 413.)

(2) *Œuvres de S. F.*, éd. Migne, t. V, let. 308.

En résumé, saint François devait être, et avec des motifs plus puissants encore, de l'avis de Cicéron, qui disait : « Il faut, pour éviter les procès, faire tout ce qui est en nous, *et peut-être même quelque chose de plus* (1). »

Et cependant il y a des procès qu'on doit entreprendre, il y a eu pour saint François lui-même des circonstances où il s'est trouvé obligé, par un devoir de sa charge, de recourir à la justice. En pareil cas, « il faut, suivant lui, s'embarquer sous l'espérance que la Providence même, qui nous oblige à la navigation, s'obligera elle-même à nous conduire (2). »

C'est le lieu de montrer, en terminant, que, d'après l'homme de Dieu, les procès justes qu'on n'a pas pu éviter, en em-

(1) *Offic.*, II, 18.
(2) *Ep. spir.* L. I, let. 37 (22 août 1614).

ployant toutes les voies amiables, on doit les faire en gardant, pour soi, le calme, et envers les autres, la charité.

La douceur chrétienne et l'amour de la paix ne se confondent point, tant s'en faut, avec la faiblesse et l'indifférence. Le *droit* de légitime défense, d'ailleurs, peut se convertir en *devoir* de se défendre.

Alors que saint François était encore étudiant à l'Université de Padoue, il lui arriva une aventure qu'il n'est pas hors de propos de rappeler. Quelques mauvais sujets — peut-être des étudiants du genre de ceux qu'on appelle aujourd'hui *de quinzième année* — mettant sur le compte de la pusillanimité l'attitude modeste et recueillie du jeune François de Sales, s'entendirent pour l'attaquer inopinément et s'amuser de la frayeur qu'ils espéraient lui causer; mais il paraît qu'ils trouvèrent à qui parler et durent s'incliner devant le prestige de la force mise au service du bon droit. Voici comment le neveu du saint raconte l'équipée de ces peu recommandables compagnons :

« Un soir que par fortune il revenait seul de la ville, ils lui dressèrent des embûches, et lui firent une querelle d'Allemand, comme on dit, pour essayer s'il mettrait la main à l'épée ; mais ayant reconnu qu'il n'était point lâche de courage, ains qu'il en savait assez pour se défendre, ils se retirèrent doucement et lui demandèrent pardon de cette friponnerie (1). »

Dans la vie si remplie du saint, l'occasion se présenta, pour lui, plus d'une fois d'user des armes juridiques, soit afin de faire respecter en lui la dignité épiscopale, soit afin de repousser des actes de spolia-

(1) Ch.-Auguste de Sales, *Hist. du bienh. Fr. de S.* L. I (éd. de 1634, **p.** 26).

tion dirigés contre des biens dont il avait la garde, mais non la libre disposition. Alors les agresseurs durent confesser, comme les mauvais plaisants de tout à l'heure, que, pour être doux et humble de cœur, un vrai chrétien n'est pas dépourvu d'énergie et de courage.

Un jour, c'est un membre du Sénat de Chambéry qui en fait l'épreuve. Commis par la haute cour pour exécuter un certain arrêt contre les biens temporels de l'évêque, ce magistrat s'était oublié au point de se conduire d'une manière offensante pour François de Sales, et lui avait présenté une lettre du Sénat conçue en termes inacceptables. « Le saint et magnanime évêque, raconte son biographe, avertit sérieusement ce turbulent commissaire du respect qui était dû à sa charge et dignité; et quant à la lettre, il en poursuivit la réparation avec un courage fort et généreux, de sorte qu'enfin le Sénat en vint aux excuses par une lettre fort honnête, qu'il lui envoya incontinent (1). »

Je dois ajouter qu'après avoir obtenu ainsi réparation pour la dignité épiscopale, saint François montra bien ses sentiments personnels envers le coupable, l' « impétueux sénateur, » comme dit l'historien, en se vengeant de l'offense par un bienfait.

Dans une autre circonstance, le saint se voit contester le droit dont jouissait l'évêché d'administrer les bénéfices vacants en attendant l'investiture d'un nouveau titulaire. Saint François se pourvoit judiciairement et il écrit à ce propos une lettre des plus énergiques, où, après avoir fait bon marché de ce qui le concerne individuellement, il se montre inflexible sur les prérogatives de l'épiscopat.

(1) Ch.-Auguste de Sales, *Hist. du bienh. F. de S.* L. VIII (p. 383).

« Tout cela, dit-il en parlant des empiètements de l'adversaire, je ne puis le trouver ni bon, ni civil, ni supportable... Je me désisterai quand il en sera temps ; mais quant à présent je ne puis ni ne dois... Je suis obligé de maintenir le respect dû à l'autorité qui m'est confiée, et de lui faire faire place là où il est requis (1). »

Une autre fois c'est « une personne de distinction » qui, après avoir vainement sollicité du saint une mesure d'instruction criminelle dépendant de l'autorité ecclésiastique et appelée *monitoire*, s'adressa, pour vaincre cette résistance, à la juridiction civile, et obtint du Sénat de Chambéry un arrêt qu'on vint signifier à l'évêque.

« A cela, dit Camus, l'homme de Dieu se comporta comme un rocher parmi les vagues. Le bienheureux ne fit aucune réponse, sinon qu'il avait son âme à sauver et sa conscience à garder, et

(1) Migne, t. VI, 1re série, let. 184.

qu'il était prêt de rendre raison de son déni. L'affaire alla si loin, que l'on fut sur le point de saisir son temporel (1). »

La saisie du temporel! quelque chose qui ressemble à la suspension des traitements ecclésiastiques, pratiquée en des temps moins éloignés de nous. Les adversaires de saint François cependant accordaient à leur victime les formes et les honneurs d'un arrêt judiciaire. Il faut ajouter aussi que, dans l'affaire dont il s'agit, on eut soin d'en rester aux menaces.

Ces persécutions d'argent, d'ailleurs, n'altéraient pas plus que les autres, la sérénité, je dirai même la bonne humeur de saint François, l'homme de la *paix imperturbable*, suivant le cardinal de Bérulle.

« S'ils m'eussent ôté mon temporel, dit-il avec douceur, ils m'eussent fait le plus grand bien qui me

(1) *Espr. de S. F.*, Iʳᵉ P., ch. 14.

pût jamais arriver, car ils m'eussent rendu tout spirituel, et en ce cas je les eusse jugés ; car n'est-il pas dit que *l'homme spirituel juge tout et n'est jugé de personne* ?... » — « Pensez-vous, disait-il encore, que mes diocésains m'eussent laissé mourir de faim? Je suis certain que j'eusse été plus en peine de refuser que de prendre (1) ? »

Fasse le Ciel que partout où peut souffler contre l'Eglise le vent de la spoliation, les pasteurs aient en perspective le même dévouement généreux de la part de leur troupeau !

Enfin voici venir des débiteurs de redevances ecclésiastiques, qui prétendent s'affranchir de leur dette, et qui mettent saint François dans la nécessité de faire appel à la justice et de « s'embarquer, » suivant son expression, dans un procès, pour défendre les droits de son chapitre.

(1) *Espr. de S. F. de S.* Ire P., ch. 14.

Ces débiteurs étaient « messieurs les syndics et habitants de Seyssel. » Le charitable évêque commence, suivant sa théorie, par épuiser les moyens amiables, les tentatives d'accommodement. Peines inutiles ! « Ces bons habitants ne voulant subir ni sentences, ni expédients, sinon que l'on fasse à leur volonté (1), » force est bien à François de saisir la juridiction compétente, le Parlement de Bourgogne. Une lettre du saint marque ses hésitations paternelles d'abord, puis sa résolution résignée en face d'un pénible devoir :

« Je suis donc affligé si cette violence n'est réprimée ; car elle croîtrait tous les jours davantage : d'ailleurs, je suis aussi affligé si l'on châtie cette mutinerie, parce que les mutins sont mes diocésains et enfants spirituels. Toutes choses bien considérées, je désire le second, d'autant qu'aussi il faut un peu d'affliction aux enfants, à ce qu'ils se corri-

______

(1) Ed. Migne, t. V, col. 958, lettre 363 (après le 4 mars 1615).

gent, puisque les remontrances n'ont servi de rien : et vaut mieux que je pleure leur tribulation temporelle, que s'ils se précipitaient en l'éternelle (1). »

En cela la doctrine du bienheureux évêque était, comme toujours, très nette et très simple. Elle était fondée sur cette idée élémentaire que nous pouvons, dans l'intérêt de la paix, sacrifier notre avoir personnel, mais non pas, en principe, les biens dont nous sommes constitués seulement les administrateurs et les usufruitiers.

Il distinguait donc fort judicieusement entre les revenus qui sont à la disposition du titulaire ecclésiastique et le fonds ou le capital qui doit être conservé à l'Eglise. « Pour le revenu, je ne m'en mettrais pas beaucoup en peine, disait-il. Il en est

(1) **Ed. Migne,** t. V, col. 958, lettre 363 (après le 4 mars 1615).

comme de la barbe : plus on la rase, plus touffue elle revient ; comme la source qui s'éclaircit, plus on la puise (1). » Quant au droit en lui-même, à la propriété, il avouait qu'il n'hésiterait pas à plaider : « Et je vendrais la patène, pour défendre le calice... Je remuerais toute pierre pour défendre le bien de ma crosse (2). »

Mais afin de conduire chrétiennement ces procès nécessaires, il faut, à l'exemple du saint, conserver la possession de soi-même et la charité, deux trésors difficiles à garder dans l'agitation des affaires contentieuses.

Pour ne point sortir du calme, l'âme doit surveiller attentivement tous ses mouvements.

« Tenez-vous bien debout, écrit le saint, et gardez-vous de broncher ; car il est dangereux de mar-

(1) *Espr. de S. F. de S.* X* P., ch. 11.
(2) Ibid.

cher au chemin des procès. Renouvelez tous les matins la bonne intention que vous avez dans cette poursuite, et priez spécialement pour cela (1). »

« Soyez bien douce et gracieuse, écrit-il encore, parmi les affaires que vous avez: car tout le monde attend ce bon exemple de vous. Il est aisé de conduire la barque, quand elle n'est pas pressée des vents, et de passer une vie qui est exempte d'affaires ; mais parmi les tracas des procès comme parmi les vents, il est difficile de tenir le chemin. C'est pourquoi il faut avoir grand soin de soi-même, de ses actions et de ses intentions, et faire toujours voir que le cœur est bon, juste, doux, humble et généreux. Vivez toute en Notre-Seigneur, conservez bien votre âme (2)... »

La sérénité de l'âme peut être troublée, soit par le chagrin de perdre son procès, soit, au contraire, par les fumées de la victoire.

Pour la perte du procès, voici des paro-

(1) Ed. Migne, t. VI, 1re série, let. 39 (21 avril 1610).
(2) *Ep. spir.* L. IV, let. 35.

les de saint François à une dame qui avait
éprouvé cette peine :

« Il faut bien toujours faire pour toutes occurren-
ces, comme vous faites pour le procès perdu: c'est-
à-dire il faut bien toujours s'accommoder à doucement supporter ces rencontres (1). »

Le premier mouvement, en effet, — qui
n'est pas toujours le bon, — est ici de mau-
dire ses juges, et pendant plus de vingt-
quatre heures ; en associant même aux
juges quelquefois, comme Alceste, tous
les hommes :

> Ce sont vingt mille francs qu'il m'en pourra coûter ;
> Mais pour vingt mille francs, j'aurai droit de pester
> Contre l'iniquité de la nature humaine,
> Et de nourrir pour elle une immortelle haine (2).

On se trouvera mieux de suivre les avis
du saint évêque, qui veut que, dans les

(1) Ed. Migne, t. V, col. 750.
(2) Molière, *Misanthrope*, V, 2.

procès, « l'on puisse dire de nous, comme il est dit de Job, après tant de reproches et de contrariétés que ses amis lui firent (Job, I, 22), qu'*en tout cela Job ne pécha point de ses lèvres ni ne fit rien de mal à propos* (1). »

Quant au trouble qui accompagne bien souvent le succès du bon droit, et à ces suffrages recherchés avec trop d'intempérance dans l'ardeur de la lutte et qui montent à la tête, on peut citer cette leçon de sage retenue, donnée par saint François à l'évêque de Belley, qui la raconte du reste avec une simplicité parfaite. Il ne s'agissait pas, il est vrai, d'un procès gagné, mais seulement d'une plainte très fondée que Camus confiait à François et qui était par lui bien accueillie. Le saint abondait dans le sens de son ami, auquel on avait fait une

(1) *Ep. spir.* L. V, let. 38 (27 fév. 1621).

injustice évidente. Mais, comme on l'a remarqué, « on a souvent tort *par la façon dont on a raison.* »

« Me trouvant si bien appuyé, dit Camus, je triomphais, et les expressions me venaient en foule pour exagérer la justice de ma cause.

« Le bienheureux, pour arrêter ce flux de discours, me dit : Il est vrai qu'ils ont tort en toutes façons de vous avoir traité de la sorte ; cela est indigne de leurs personnes, surtout envers un homme de votre condition. Je ne trouve en toute cette affaire qu'une seule chose à votre désavantage. — Et quelle ? lui dis-je. — C'est qu'il ne tient qu'à vous d'être le plus sage, et de vous taire.

« Il me déferra tellement par cette réponse que sur-le-champ je me tus, et ne trouvai point dans ma bouche de paroles pour répliquer (1). »

Tout procès honnête, comme toute guerre juste, doit tendre uniquement à la restauration de la paix dans l'ordre, et ne

(1) *Espr. de S. Fr. de S.* IIIᵉ P., ch. 4.

causer à la partie adverse, dans tout le cours des hostilités, d'autre mal que celui qui est absolument nécessaire pour rétablir la justice. Le devoir de la charité envers le prochain n'est donc point suspendu à l'égard de ceux que l'on combat devant les tribunaux. « Prenez garde, écrit saint François, en la poursuite du procès, de ne point relâcher de la pure et entière charité du prochain (1). »

Dans une autre lettre, il souhaite à une personne de rester, dans la poursuite qu'elle a à faire, « toute sainte et par conséquent toute tranquille, toute juste, toute douce... sachant bien qu'une once de douceur et de charité emmi le soin d'un procès, en vaut dix mille parmi les ordinaires occupations (2). »

Cette ligne de conduite, saint François l'emprunte au divin Maître :

(1) Migne, t. VI, col. 613, let. 93 (21 nov. 1604).
(2) Migne, t. V, col. 972, 1ʳᵉ série, let. 68 (5 mai 1614).

« Or sus, ma très chère fille, dit-il, quand voulons-nous témoigner notre fidélité à notre Sauveur, sinon en ces occasions ? Quand voulons-nous tenir en bride notre cœur, notre jugement et notre langue, sinon en ces pas si raboteux et proches des précipices ?... Souvenez-vous que jamais Notre-Seigneur ne dit un seul mot contre ceux qui le condamnèrent : il ne les jugea point : il fut jugé et condamné à tort, et il demeura en paix et mourut en paix, et ne se revengea qu'à prier pour eux. Et nous, ma très chère fille, nous jugeons nos juges et nos parties ; nous nous armons de plaintes et de reproches. Croyez-moi, ma très chère fille, il faut être forte et constante en l'amour du prochain (1). »

C'est en définitive cette charité qui pourra, bien mieux que la crainte des soucis et des pertes d'argent, combattre efficacement le fléau des procès, soit en réprimant l'esprit de contention, soit même en inspirant le coûteux sacrifice des demandes de réparations les plus légitimes.

(1) *Ep. spir.* L. V, let. 34 (19 sept. 1610).

Saint François a dit, sous une forme exquise, ce qu'il pensait de l'esprit de contention qui, non seulement amène devant les tribunaux, et pour des riens, des adversaires disputant sur le *tien* et le *mien*, mais encore suscite, dans les questions religieuses, d es passions et des animosités déplorables, entre gens qui devraient concentrer leurs efforts contre l'ennemi commun. Ne dirait-on pas écrites pour notre temps ces paroles :

« Je hais, disait-il dans une lettre à un ami..., toutes les contentions et disputes qui se font entre les catholiques, desquelles la fin est inutile, et encore plus celles desquelles les effets ne peuvent être que dissentions et différends...

« En cet âge, où nous avons tant d'ennemis dehors, je crois que nous ne devons rien émouvoir au dedans du corps de l'Eglise. La pauvre mère poule, qui, comme ses petits poussins, nous tient dessous ses ailes, a bien assez de peine de nous défendre du milan, sans que nous nous entre-becquetions les uns les autres, et que nous lui donnions des entorses (1). »

(1) *Ep. spir.* L. VII, let. 58 (an 1612).

Quant à l'abnégation, et à ce renoncement magnanime qui va jusqu'à n'opposer que le silence et le pardon à des attaques injustes, lorsqu'une poursuite judiciaire et même une simple réponse publique ne sont pas commandées par un devoir d'état, saint François de Sales en a été un admirable modèle, et c'est par là qu'il convient de clore cette étude.

En parcourant les principaux enseignements du bienheureux sur la conduite à tenir dans les procès, on a pu remarquer qu'un certain nombre d'aperçus judicieux et de prudents avis du grand évêque, en semblable matière, lui sont communs sans doute pour le fond, et sauf le ton du langage, avec les moralistes et même les satiriques. Tout ce qu'il dit de la plaie des procédures, et des infortunes temporelles des plaideurs, est d'un observateur habile et d'un penseur profond, qui connaît le monde et la vanité des choses humaines. Horace eût souscrit, j'imagine, à plus d'une de ces maximes sur les avantages matériels de la modération et de l'esprit de paix. Montaigne et tant d'autres ont dépeint aussi, à leur manière, la folie de ceux qui perdent, dans les procès, leurs biens avec leur repos.

Mais il y a, dans saint François de Sales, des mobiles proposés à notre volonté pour nous détourner de ce mal, qui échappent aux simples philosophes et qui ont infiniment plus d'efficacité que leurs aphorismes. C'est en quoi le docteur de l'Eglise se distinguera toujours de ceux qui ne sont que des sages suivant le monde. Le désintéressement chrétien, l'humble abandon à la Providence, enfin le sacrifice consenti par amour, en union avec le sacrifice du Calvaire, voilà les vertus prêchées et pratiquées par le saint et qui seront, à toute époque, le plus sûr et le meilleur traitement à suivre dans les maladies morales auxquelles les plaideurs sont sujets.

Qui n'est pas exposé à ressentir, une fois dans sa vie, cet ardent aiguillon, pénétrant jusqu'au plus intime de nous-même, irritant toutes les fibres du cœur et faisant tout à coup bouillonner le sang de colère et d'indignation ; ce trait douloureux, non pas de l'injure vulgaire, que l'on méprise, mais de l'accusation gratuite et imméritée, qui nous défigure aux yeux des autres et jettera peut-être sur nos épaules le lourd manteau du ridicule ?

Rompre en visière et donner cours au ressentiment ; quelquefois saisir la justice de sa plainte et intenter vigoureusement un *bon procès*, voilà la manière d'agir qui paraît la plus naturelle, la manière assurément la plus commune ; ce n'est, en définitive, que le moyen banal, à la portée du premier venu.... Mais garder un généreux silence, lever les yeux au ciel, pardonner à ses persécuteurs les tortures morales qu'ils infligent et souffrir doucement « ce demi-martyre, dont parle de Maistre, *qui lime au lieu d'assommer*, et qui n'en est pas plus doux pour cela, » voilà la vengeance des saints.

L'évêque de Genève est averti, un jour, qu'il ait à se défendre contre certains jugements calomnieux. Il répond admirablement :

« Pour moi, je dis qu'il faut que je pratique l'enseignement de saint Paul : *Ne vous défendez point, mes bien-aimés, mais laissez le passage à la passion.* (Rom., 12, 19.) Et néanmoins, puisque vous le trouvez à propos, j'écrirai au premier jour à M. Berger afin qu'il ait de quoi rejeter la calomnie... Demeurez en paix... La Providence suprême sait la mesure de la réputation qui m'est nécessaire pour bien faire le service auquel elle me veut employer, et je n'en veux ni plus ni moins que ce qu'il lui plaira que j'en aie (1). »

Pourrais-je oublier, en ce moment, que ce noble abandon, fait par un saint, d'une estime bien acquise, et de sa réputation même, entre les mains de la Providence, que cette résignation sublime en face d'injustes dénigrements, nous en avons eu le réconfortant exemple, ici, sous nos yeux ? Cet abandon plein d'humilité, nous l'avons vu pratiquer par un prélat au grand cœur, placé naguère à la tête de notre Université catholique, et dont la mémoire restera toujours chère à cette œuvre, pour laquelle il a combattu et souffert; à cette œuvre qu'il aimait, sans doute comme les mères

(1) *Ep. spir.* L. III, lett. 71 (30 nov. 1619).

aiment leurs enfants, en raison même de ce qu'elles ont souffert pour eux.

Mgr Guiol s'était approprié, dans leur héroïque simplicité, ces mots touchants que je citais tout à l'heure : « La Providence sait la mesure de la réputation qui m'est nécessaire pour bien faire le service auquel elle me veut employer ; » il se plaisait à les redire au milieu de ces jours d'angoisse et de tribulation qui, préparant plus immédiatement une âme à recevoir l'immortelle couronne, viennent en quelque sorte mettre le sceau à une sainte vie ; et il offrait ainsi humblement à Dieu l'obscur mais fécond sacrifice de l'un des biens les plus personnels et les plus précieux qu'il y ait aux yeux du monde, le sacrifice d'une considération méritée et dès longtemps établie.

Aujourd'hui le généreux lutteur se repose

dans l'éternelle paix ; et, avec le bienheureux François de Sales, pour lequel il avait un culte spécial, il me semble qu'il adresse à tous ceux qui subissent encore l'étreinte des passions d'ici-bas et trop souvent usent leurs jours en contentions stériles, en frivoles querelles, la suprême adjuration du grand saint, à la fin de ce chef-d'œuvre qui s'appelle l'*Introduction à la vie dévote*: « Regardez le Ciel, et ne le quittez pas pour la terre ! »

Appendice

Si la doctrine de saint François de Sales tend à détourner des procès en général, toutes les fois qu'on peut les fuir sans manquer à un devoir, à plus forte raison est-elle ennemie de ceux dans lesquels la situation respective des parties ou la qualité de l'une d'elles est de nature à aggraver encore le mal résultant des procès, en les rendant particulièrement préjudiciables au prochain par le scandale, ou au plaideur par l'infidélité à une vocation plus parfaite.

Tels sont les différends judiciaires entre parents ou entre ecclésiastiques, et les procès soutenus par des personnes appelées à vivre dans le renoncement et la pratique des vertus, non seulement de précepte, mais de conseil.

I. On peut aisément se représenter la peine que le saint évêque éprouvait en face d'un litige soulevé entre parents. « Un jour, informé qu'un père et un fils plaidaient l'un contre l'autre pour une affaire d'intérêt, il les fit venir : « Eh bien, leur dit-il, de combien s'agit-il entre vous? Voilà mes chandeliers d'argent, prenez-les et ne vous disputez plus (1). »

Ce fut pour apaiser un procès de famille que saint François, interrompant un voyage, séjourna à Saint-Rambert en Bugey, en 1608, et entreprit de concilier les adversaires sur une difficulté qu'on avait inutilement cherché à résoudre avant lui :

« Et en chemin, ayant appris qu'il y avait deux seigneurs de marque en ces pays-là, qui étaient en dispute et fâcheux procès depuis fort longtemps, il s'avisa de s'employer pour les mettre d'accord : et, pour cet effet, s'arrêta l'espace de trois jours en la ville de Saint-Rambert, et les mit véritablement en paix, non sans une grande admiration des plus

(1) Hamon, *Vie de S. Fr. de S.* . VII, ch. 2.

experts jurisconsultes, qui avaient travaillé en vain jusques alors à cet accommodement (1). »

II. Lorsqu'une cause de procès surgit entre ecclésiastiques ou entre religieux, l'accord peut être d'autant plus difficile que, des deux parts, on défendra non point son avoir personnel, mais le bien d'une fondation, ou un patrimoine commun dont on est comptable et qu'on a mission de conserver intégralement. Néanmoins, saint François veut qu'on fasse tout au monde pour ne pas donner aux faibles une occasion de scandale (2), et donne l'exemple dans une affaire où il avait à défendre des biens ecclésiastiques confiés à son administration.

Il s'agissait de revenus affectés au service du culte et auxquels le roi Henri IV avait, par mégarde, assigné une double

(1) Ch. Aug. de Sales, *Vie du B. F. de Sales.* L. VII (p. 383).

(2) Le bienheureux parle dans une de ses lettres d'une difficulté agitée entre deux supérieures de communauté, à propos de « certains mille écus » qu'il voudrait « plutôt être *au fond de la mer* », qu'en discussion entre des religieuses. (Lettre du 30 août 1622.)

destination, en les attribuant successivement à l'évêque de Genève et à l'archevêque de Bourges. Saint François, persuadé de son bon droit, voulut s'aboucher avec son adversaire. Il accepta, pour ce motif, d'aller prêcher un carême à Dijon, et là, par ses bons procédés en même temps que par des explications directement échangées, amena l'archevêque à abandonner la concession qui lui avait été faite mal à propos (1).

III. Ceux qui sont appelés à renoncer au monde ont quelquefois, ne fût-ce que pour s'assurer la jouissance de leurs biens héréditaires, des débats judiciaires à redouter. Ici saint François conseille de faire généreusement tous les sacrifices que la paix peut demander.

Connaissant bien les mille détours et « tricheries » de cet amour-propre, « qui ne meurt jamais qu'avec notre corps (2), »

(1) Lettre du 16 janvier 1604.
(1) 7 juillet 1610.

et dont les suggestions importunes peuvent
se rencontrer jusque dans l'esprit même
de personnes qui aspirent à la vie religieuse, il imagine un charmant dialogue,
où il fait parler celle à laquelle il s'adresse,
et lui réplique aussitôt, toujours pour l'em-
pêcher de plaider :

« — Mais si je n'étais pas religieuse de clôture,
ains seulement associée à quelque monastère, je
n'aurais pas de quoi me faire appeler madame,
sinon par une ou deux servantes. — Et comment ?
avez-vous jamais vu que Notre-Dame en eût tant ?
Que vous importe-t-il qu'on sache que vous êtes de
bonne maison selon le monde, pourvu que vous
soyez de la maison de Dieu ? — Oh ! mais je vou-
drais fonder quelque maison de piété, ou du moins
faire de grandes assistances à une maison ; car,
étant infirme de corps, cela me ferait plus gaie-
ment supporter. — Da ! il est vrai, ma très chère
fille, je le savais bien que votre piété faisait planche
à l'amour-propre, tant elle est piteusement humaine.
Certes, en somme, nous n'aimons pas les croix,
si elles ne sont d'or, emperlées et émaillées. C'est
une riche, quoique très dévote et admirablement

spirituelle abjection que d'être regardée, dans une congrégation, comme fondatrice, ou du moins grande bienfaitrice. Lucifer se fût contenté de demeurer au ciel à cette condition-là. Mais de vivre d'aumônes, comme Notre-Seigneur, de prendre la charité d'autrui en nos maladies, nous qui d'extraction et de courage sommes ceci et cela, cela certes est bien fâcheux et difficile. Il est vrai, il est difficile à l'homme ; mais non pas au Fils de Dieu, qui le fera en vous. — Mais n'est-ce pas une bonne chose, d'avoir le sien pour l'employer à son gré au service de Dieu?—Le mot *à son gré* fait l'éclaircissement de notre différend. — Mais je dis : à votre gré, mon Père ; car je suis toujours votre fille, Dieu l'ayant ainsi voulu. — Or sus, mon gré donc est que vous vous contentiez de ce que Monsieur N. et Madame de N. aviseront et que le reste vous le laissiez, pour l'amour de Dieu, et l'édification du prochain, et la paix des âmes de mesdames vos sœurs, et que vous le consacriez ainsi à la dilection du prochain et à la gloire de l'esprit chrétien. O mon Dieu ! que de bénédictions, que de grâces, que de richesses spirituelles pour votre âme, ma très chère fille, si vous faites ainsi! Vous abonderez et surabonderez. Dieu bénira votre peu et il vous contentera (1). »

(1) *Ep. spir.* L. III, let. 70.

SOMMAIRE

1520. — Lyon. Impr. E. Pâris, Philipona et Cⁱᵉ, rue Condé, 30.